INSTITUTION

D'AGENCES COMMUNALES

OU

APPLICATION PERFECTIONNÉE

DES

ENTREPOTS ET COMPTOIRS NATIONAUX

Donnant immédiatement

RÉTABLISSEMENT DES AFFAIRES COMMERCIALES. — RÉFORMES RADICALES DES IMPÔTS.

DIMINUTION DU PRIX DES PRODUITS.

AUGMENTATION DE LA PRODUCTION. — HAUSSE DES SALAIRES.

SANS IMPOTS FORCÉS, SANS ASSOCIATION

Par F. COIGNET

MANUFACTURIER A LYON

JUIN 1848

AVANT-PROPOS.

—

Les cinq lettres qui suivent sont l'exposition d'un projet destiné à compléter l'institution des entrepôts et comptoirs nationaux.

Ce projet n'a point la prétention d'être une réforme sociale complète, il ne tend à régulariser que la moindre des branches de l'activité humaine, la répartition et l'échange des produits ; ainsi il laisse complètement de côté les questions de production et de consommation, qui ne pourront jamais se résoudre que par l'association.

Quoiqu'il ne s'agisse que de la répartition, c'est-à-dire du commerce et de la banque, les abus qui se sont intrônisés dans ces fonctions, font que les conséquences de cette réforme sont infiniment importantes.

Mais une réforme est-elle suffisamment motivée par les besoins de la société actuelle? est-elle opportune? En douter ce serait nier tous les maux sous lesquels nous succombons.

Ce serait nier la faillite, la concurrence anarchique, la pullulation des agents inutiles, la fourberie, la spéculation, l'agiotage, l'avilissement des salaires, la misère et la corruption générale.

Hélas! toutes ces souffrances sont si évidentes, si multipliées, qu'il faudrait être trois fois aveugle pour les nier.

Or, si une réforme est motivée et opportune, il s'agit de savoir si celle que propose l'auteur du projet est efficace et réalisable.

L'auteur du projet ne met point d'amour-propre à cette question, il est manufacturier. Il a donc traité la question en homme pratique, il n'a point fait une œuvre littéraire, il n'a point cette prétention, bien loin de là; il a fait une œuvre de comptoir.

Ce projet est le résultat de vingt ans de travaux industriels, il a été conçu peu à peu, au contact de toutes les vicissitudes et de tous les vices commerciaux qui oppriment l'industrie.

L'auteur a donc foi en son efficacité, néanmoins il appelle vivement la discussion. S'il s'est trompé, il sera le premier à le reconnaitre.

En faisant appel aux industriels, il agit dans son propre intérêt, puisqu'il profiterait de la réforme en tant qu'industriel.

Resterait donc la question de facile réalisation.

Eh bien! rien n'est plus facile à démontrer, il suffit que dans quelques grandes villes, Paris, Lyon, Rouen, Mulhouse, Orléans, Dijon, Saint-Etienne, Clermont, Marseille, Le Hâvre, etc., il s'établisse une association entre quarante ou cinquante industriels, et moins au besoin, pour en opérer la fondation d'essai. Si le succès répondait à l'attente, la propagation en serait bientôt faite. Cet essai est d'autant plus facile, que cette opération *n'offre aucune chance de perte*, les souscripteurs et adhérents ne courraient donc aucun risque.

En conséquence, pénétré de l'efficacité et de la facile réalisation de ce projet, l'auteur fait appel aux industriels, il les engage à se réunir, à l'étudier, à le discuter, à l'améliorer, à le compléter enfin, car il se connaît trop bien pour se croire capable d'avoir coulé un projet semblable d'un seul jet ; quelque soit le résultat, ces discussions ne seront pas perdues ;

elles apprendront aux industriels à se réunir, à se connaître, et ce contact ne pourra moins faire que d'amener quelque réforme de salut, dont l'industrie a bien besoin.

INSTITUTION
D'AGENCES COMMUNALES.

Première Lettre.

Il est inutile de prouver que le commerce, l'industrie, le crédit, la société toute entière, sont sur le bord de l'abime ; personne ne se fait plus illusion ; seulement on espère se sauver par les moyens politiques ; on attend le salut ou la ruine, de telle ou telle forme de gouvernement. On se trompe : en fait de crédit et d'industrie, les moyens politiques sont impuissants ; ce qu'il faut, ce sont des réformes économiques, destinées à appeler le peuple tout entier au bien-être. La société périra ou sera sauvée par elles. Les découvrir et les appliquer, tel est le but à atteindre ; tout est là.

De nombreux moyens de salut ont été proposés ; malheureusement presque tous étaient chimériques ou insuffisants, et ne remplissaient pas les conditions complètes auxquelles doit satisfaire tout système de réforme sociale :

1° Etre immédiatemeut applicable.

2° S'opérer librement, volontairement par le libre concours de tous les intérêts, et seulement par conviction du bien qui doit en résulter.

3° Respecter les mœurs, les habitudes qui ne doivent être modifiées que par la libre volonté.

4° Enfin pouvoir être essayé en petit avant d'en généraliser l'application à la France entière.

Or, à moins d'illusion, nous osons dire que ce que nous allons proposer remplit toutes ces conditions.

Au fond, ce projet n'est point une découverte nouvelle; il en a été déjà fait des applications partielles; déjà des tentatives ont eu lieu.

En effet, il en existe un germe ; seulement on en ignore les mérites.

Il s'agit tout simplement de l'entrepôt et du comptoir national.

L'entrepôt a été ouvert à l'industrie afin qu'elle pût y déposer ses produits invendus, sur la consignation desquels le comptoir national devait faire une avance de fonds. Cette avance devait être remboursable à l'échéance de trois mois, plus ou moins, selon les circonstances ; à cette échéance, le consignataire aurait été obligé de rembourser l'avance, sinon le comptoir aurait fait vendre le gage consigné, à l'encan.

Or, ce genre d'opération est déjà connu et appliqué ; il s'appelle le Mont-de-Piété ; c'est-à-dire, ruine et honte.

En effet, tout industriel qui aurait mis en dépôt aurait fait un aveu de sa profonde détresse ; il aurait tué son crédit sans rémission ; il aurait mieux valu, pour lui, vendre sa marchandise au plus vil prix ; il aurait moins perdu

Ce désastre serait bien plus grand s'il ne pouvait rembourser l'avance faite à l'échéance; car le gage consigné serait vendu à l'encan, et ne le serait, par ce moyen, qu'avec une perte immense.

Le malheureux consignataire, au lieu de trouver du secours par l'entremise de l'entrepôt, aurait donc ruiné son crédit et perdu la moitié peut-être de la valeur de son produit.

Mais ce qui serait plus désastreux encore, c'est que la vente à l'encan et à grand rabais de cette marchandise déprécierait le même produit dans toutes les mains qui en seraient possesseurs, et finalement l'intervention de l'entrepôt aurait ruiné, non-seulement le consignataire, mais encore celui qui n'aurait pas consigné.

Quant au comptoir national, il a moins de prétentions, il ne fait pas de bien, mais il ne fait pas de mal.

Il est plus coûteux qu'une banque particulière, mais il rend moins de services ; aussi ses opérations passent inaperçues.

Voilà ce qu'auraient été l'entrepôt et le comptoir national tels qu'ils sont institués.

Voici ce qu'ils devraient être :

L'Etat, avec le concours des industriels, commerçants et propriétaires, devrait fonder dans chaque commune de France (1) une ou plusieurs agences, suivant la population.

Ces agences seraient composées :

1° D'un entrepôt ;

2° D'une banque ou comptoir ;

3° D'un magasin ou bazar,

L'entrepôt aurait pour but de recevoir, en consignation, les produits quelconques qui seraient présentés aux conditions suivantes :

Chaque colis, chaque fût, chaque paquet ou chaque pièce d'étoffe, aurait une étiquette portant :

1° Le nom des consignataires ;

2° Le nom de la ville ou se ferait la consignation ;

3° La désignation et la qualité de la marchandise ;

4° Le poids ou la mesure, ou l'aunage ;

5° Enfin, le prix auquel le consignataire voudrait vendre.

A la réception à l'entrepôt, un jury composé de fabricants, négociants ou savants, les plus probes, les plus connus, vérifierait la marchandise et reconnaîtrait si elle est conforme à la déclaration ; il en dresserait un procès-verbal signé de tous les experts, et délivrerait au consignataire un récépissé sur lequel il indiquerait la valeur présumée du produit.

Alors, de deux choses l'une, ou le produit consigné serait de vente courante, certaine et de grande consommation;

Ou bien il se vendrait difficilement et n'aurait pas de débouchés connus et certains.

Dans le premier cas, la gérance d'entrepôt en ferait expédi-

---

(1) Pour le début, et à titre d'essai, il ne faudrait en instituer que dans les grands centres manufacturiers ; on n'étendrait et on ne généraliserait à toute la France qu'après l'évidence du succès.

Il a fallu, pour bien démontrer toutes les conséquences sociales à obtenir de l'institution des agences communales, en supposer la création, dans toutes les communes de France, mais il est bien certain qu'un essai préalable doit être opéré.

Il est vrai que par un essai on n'obtiendra pas les grandes conséquences sociales, mais on obtiendra néanmoins des avantages si nombreux pour les individus, que la généralisation en sera bientôt opérée.

Il suffit que quelques industriels se réunissent dans chaque ville, pour établir les premières agences, le concours du gouvernement sera sans aucun doute, accordé, et en quelques mois, on peut réaliser un essai de réforme dont les bienfaits sont incalculables, ion aux entrepôts correspondants où se trouverait la consommation, en faisant suivre le procès-verbal d'expertise.

Dans le second cas au lieu d'expédier la marchandise, la gérance d'entrepôt lèverait des échantillons qu'elle expédierait à tous les entrepôts correspondants, où l'on pourrait présumer du débouché, mais en joignant également à chaque échantillon une copie du procès-verbal d'expertise.

La gérance d'entrepôt demeurerait en outre chargée de l'entretien et du soin des marchandises, bien entendu aux frais des consignataires.

Quant à la banque, ses fonctions seraient toutes simples ; elles consisteraient à faire des avances sur le vu des récépissés de marchandises délivrés à l'entrepôt.

A faire des avances sur dépôt de titre d'hypothèques ou d'actions valables (1) ou de coupons de rente sur l'Etat. Un jury serait chargé d'évaluer la valeur des titres.

La banque en outre opérerait les règlements, soit entre les entrepôts, soit entre l'agence locale et le consignataire.

Le magasin ou bazar aurait des fonctions très-importantes ;

Elles consisteraient en une exposition permanente et constamment ouverte au public, des marchandises et échantillons envoyés à l'entrepôt, soit ceux qui seraient consignés sur les lieux, soit ceux qui auraient été envoyés à la vente par les entrepôts correspondants ; un affichage obligatoire accompagnerait constamment l'exposition des marchandises ou des échantillons, de telle sorte qu'il deviendrait facile à tout le public consommateur ou commerçant de bien connaître l'existence du produit, et de pouvoir choisir ce qui conviendrait le mieux à ses besoins.

Lorsqu'un produit trouverait un preneur, il lui serait délivré contre paiement au comptant, et à l'instant la banque communale opérerait le règlement définitif au consignataire, seulement la banque retiendrait:

1° L'intérêt de la somme avancée au moment de la consignation ;

2° Elle prélèverait sur l'acquéreur du produit consigné:

1° Une commission ;

---

(1) Ne seraient considérées comme valables que les actions d'entreprise en pleine activité et offrant toutes garanties.

2° Les frais de soin et d'entretien ;

3° Les frais de transport.

De telle sorte que tout acheteur, acquerrait à prix coûtant, plus les frais minimes ci-dessus indiqués.

Il n'y a rien là de nouveau, cette opération serait bien simple, bien compréhensible, elle ne ferait que réunir en un seul faisceau et généraliser des détails, qui ont déjà trouvé séparément une application spéciale.

Ainsi l'emploi des Docks et Warants en Angleterre.

La vente en consignation dans toutes les grandes villes de commerce, etc., etc., et pourtant cette institution si simple, résout les questions les plus formidables et les plus compliquées du chaos social actuel, ainsi que nous le prouverons bientôt.

Deuxième Lettre.

TITRE Ier.

Fondation des agences communales.

1° Une agence sera établie dans chaque commune sous la surveillance de l'Etat (1).

2° Cette agence se subdivisera :

1° En entrepôt.

2° En banque.

3° En magasin ou bazar.

3° L'entrepôt aura pour but de recevoir en consignation tous les produits qui pourront y être déposés moyennant le prélèvement d'une commission.

Il demeurera chargé du soin et de l'entretien de ces marchandises, aux frais des consignataires.

Il les mettra au bazar ou en fera l'expédition suivant les ordres du consignataire.

4° La banque aura pour fonction de faire des avances moyennant intérêt, à ceux qui auront consigné des marchandises à l'entrepôt.

Elle fera les encaissements pour le compte du consignataire.

---

(1) Nous avons déclaré qu'il faudrait débuter par un essai appliqué à un certain nombre de villes industrielles, le succès seul qu'on obtiendrait, autoriserait à généraliser la mesure.

Elle fera des avances sur dépôt de titres hypothécaires, sur dépôt d'actions valables et de rentes sur l'Etat.

Elle fera directement des prêts sur hypothèques et sans frais.

5° Le bazar sera constamment ouvert au public qui pourra voir, en tous temps, les marchandises et échantillons, lesquels devront toujours être accompagnés du procès-verbal conformément aux détails contenus dans l'article 5 du titre 3.

6° Dans chaque canton sera établie une agence supérieure ayant surveillance sur les agences communales. Copie de tous les comptes sera expédiée dans cette agence.

7° Dans tous les départements sera établie une agence directrice ayant la surveillance sur les agences de canton dont elle recevra les comptes.

8° Une agence centrale de comptabilité sera établie à Paris sous la surveillance directe du ministre du commerce.

9° Dans les grandes villes, ou bien dans les agences départementales, chaque agence se subdivisera par produits.

Ainsi, à Lyon, par exemple :

Il y aura une agence des vins.

Une autre des grains.

Une autre des huiles.

Une autre des épiceries.

Une autre des soieries.

Une autre des lainages.

Une autre des cotons, etc., etc.

En un mot, autant qu'il sera nécessaire.

10° Afin de faciliter l'écoulement des produits, l'Etat pourra instituer sur les mêmes bases des agences exotiques dans tous les grands centres commerciaux de l'étranger.

TITRE II.

CONSTITUTION DES AGENCES.

1° L'Etat enverra dans chaque département un mandataire, lequel convoquera un conseil spécial composé de délégués choisis à l'élection.

Le conseil aura pour mission :

1° De choisir le point le plus convenable pour l'établissement de l'agence départementale.

2° De choisir le lieu le plus propice pour les agences cantonnales et communales.

3° Il devra faire un devis approximatif de l'importance à donner au fonds social, suivant l'importance industrielle de l'agence départementale ou des agences cantonnales et communales.

4° Ce devis devra être approuvé par le commissaire spécial du gouvernement.

5° Tous les plans et projets seront renvoyés au ministre du commerce qui, seul, pourra ordonnancer la création de l'agence.

5° Aussitôt que l'ordonnance aura été rendue, le mandataire du gouvernement invitera les propriétaires, capitalistes, commerçants et industriels de la localité à souscrire le fonds social de l'agence communale. A défaut de souscripteurs de la localié, les souscripteurs du dehors seraient acceptés.

7° Le versement de la mise de fonds de chaque souscripteur pourra être opéré :

1° En espèces métalliques ayant cours.

2° En valeurs commerciales.

3° En marchandises.

4° En dépôt de titres hypothécaires, d'actions industrielles valables, ou de coupons de rentes sur l'Etat.

Toutefois, quant aux marchandises et valeurs commerciales, elles ne seront portées en compte définitif qu'après la vente ou l'encaissement.

Quant aux titres d'hypothèques, d'actions industrielles ou de coupons de rente, ils seront soumis à un jury spécial institué par le mandataire du gouvernement, lequel en expertisera la valeur.

Dans tous les cas, ces titres divers ne figureront à la mise de fonds du souscripteur, que pour les trois-quarts au plus de leur valeur ; ils demeureront en dépôt, et pourront être retirés par le souscripteur, contre le versement d'espèces ou de valeurs encaissées suivant le montant de la souscription.

8° Lorsque la souscription aura atteint la moitié du chiffre stipulé dans l'ordonnance ministérielle, l'agence communale sera définitivement constituée.

9° L'état fournira l'autre moitié du fonds social, en un papier monnaie, lui rapportant un intérêt de...

10° En outre, comme il faut que l'agence n'ait que des valeurs circulantes, l'état remettra à l'agence une somme de papier monnaie, égale au chiffre des dépôts acceptés par le jury, en titres d'hypothèques, d'actions ou de coupons de rente.

De telle sorte, que le fonds social tout entier sera libre, et composé seulement d'espèces métalliques et de papier monnaie.

11° Toutefois, pour l'établissement des cent premières agences communales, le ministre du commerce est autorisé à instituer ces agences, quand même les particuliers n'auraient point souscrit la moitié du fonds social, dans ce cas, l'état compléterait la différence par le papier monnaie, lequel excédent serait prêté à l'agence, moyennant l'intérêt de...

12° Comme il pourrait se faire que le fonds social fût insuffisant pour faire face au développement des opérations, le mandataire du gouvernement fera son rapport, il y joindra un projet et devis de l'agrandissement du fonds social. Sur ordonnance ministérielle, cet excédent sera souscrit de la même manière que le fonds social primitif.

Moitié par les particuliers, en valeurs de tous genres.

Moitié par l'état, en papier monnaie.

13° Les avances faites sur les marchandises consignées, sur titres hypothécaires, sur actions ou coupons de rente, seront faites en espèces métalliques ou papier monnaie ; ces avances ne pourront jamais excéder les trois quarts au plus, de la valeur des marchandises ou titres déposés.

14° Il est formellement interdit aux agences communales, cantonnales et départementales, de faire aucune négociation ou avances sur dépôt de papier de commerce, les agences ne devant faire des prêts ou avances, que sur des valeurs réelles, de manière à ce que la garantie soit complète.

TITRE III.

ADMINISTRATION DES AGENCES.

1° L'état sera représenté par un mandataire à poste fixe dans chaque agence communale.

Ces mandataires rendront leurs comptes à l'agence cantonnale.

L'agence cantonnale à l'agence départementale, l'agence départementale au ministre du commerce.

2° En outre, des inspecteurs mobiles auront le droit, en tout temps, d'inspecter toutes les opérations.

3° Un conseil de surveillance, composé de cinq membres, choisis, à l'élection, par les sociétaires, sera chargé de surveiller toutes les opérations de l'agence, la circulation du papier, l'état de la caisse et des écritures, etc., etc.

Gérance de l'entrepôt.

4° L'entrepôt sera géré par un directeur et deux sous-directeurs, choisis à l'élection , par les sociétaires , à cette gérance seront adjoints des comités d'expertise spéciaux , pour chaque profession et composés de trois membres.

Ces comités d'expertise seront choisis par le conseil d'administration, parmi les hommes les plus compétents et offrant le plus de garantie en tous genres.

5° La gérance, assistée des comités d'expertise, sera chargée de la réception des marchandises consignées, aux conditions suivantes :

Chaque colis, paquet, fût ou pièce d'étoffe, aura un étiquette, portant :

1° Le nom du consignataire ;

2° Le nom du local où se fait la consignation ;

3° La qualité et la désignation de la marchandise ;

4° Son poids et sa mesure ;

5° Le prix auquel le consignataire veut vendre ;

6° La gérance s'assurera par expertise, que la marchandise est bien conforme à la déclaration ;

7° Elle en dressera procès-verbal qui sera tiré à autant d'exemplaires qu'il y aura de colis ;

8° Elle donnera reçu de la marchandise et copie du procès-verbal au consignataire, en indiquant sur le reçu, la somme que la banque pourra avancer.

En aucun cas, l'avance ne pourra dépasser la valeur des trois quarts du produit;

9° Cette gérance sera chargée suivant l'avis du consignataire, d'expédier, soit la marchandise elle-même, aux entrepôts correspondants, soit des échantillons certifiés par elle et accompagnés des procès-verbaux.

Gérance de la banque.

10° La banque sera gérée par un directeur et un sous-directeur , nommés à l'élection par les sociétaires.

Le caissier devra être agréé par le mandataire de l'état;

Cette gérance aura pour mission :

1° De faire des avances sur récipissés de l'entrepôt ;

2° Sur titres d'hypothèques, sur dépôt d'actions valables ou de coupons de rentes, suivant estimation faite par le jury spécial ;

3° Elle sera chargée de faire les réglements avec les comptoirs correspondants ;

4° Elle opèrera les avances et débours pour le compte des consignataires.

Gérance du bazar.

12° Le bazar sera constamment ouvert au public ; une exposition permanente, avec affichage des procès-verbaux, sera faite des marchandises ou échantillons.

13° La gérance sera composée d'un directeur et sous-directeur.

Lesquels auront pour fonctions :

1° Les soins de conservation des produits ;

2° La vente de ces produits, moyennant le prélèvement d'une commission.

La livraison des produits ne pourra avoir lieu que contre règlement au comptant.

14° Les directeurs et sous-directeurs des diverses fonctions de l'agence communale formeront le conseil général d'administration qui sera chargé :

1° De nommer tous les employés de l'agence ;

2° De décider les moyens les plus économiques de conservation, d'entretien, et au besoin, de manutention consentis par le dépositaire des produits consignés.

Le conseil d'administration sera présidé par le mandataire de l'Etat. Aucune délibération ne sera faite hors de sa présence ; toute décision devra être acceptée et signée par lui.

15° En aucun cas et sous aucun prétexte, l'agence ne disposera des produits consignés sans le consentement du consignataire ;

16° Il est formellement interdit à l'agence d'accomplir aucune opération de commerce pour son compte ; elle n'achètera, ni ne vendra rien pour son compte. La marchandise consignée demeurera la propriété du consignataire jusqu'à ce qu'elle soit arrivée dans les mains de l'acquéreur ;

17° Elle ne prélévera aucune taxe ou commission autre que:

1° L'intérêt sur lesav ances faites sur consignation ou dépôt de titres ;

2º La commission qu'elle prélèvera d'une part sur le consignataire, de l'autre, sur l'acquéreur ;

18º Lorsqu'elle opérera au comptant livraison des marchandises consignées, elle le fera aux prix indiqués par le consignataire, en y ajoutant :

1º La commission de vente ;

2º Les frais d'entretien et de manutention réels sans augmentation ;

3º Enfin, les frais de transport.

TITRE IV.

Répartition des Bénéfices.

1ᵇ Un inventaire sera fait chaque année ;

2º Les bénéfices ne s'entendront que de l'excédent de l'actif sur le passif :

1º Après le prélèvement de l'intérêt de..... alloué aux sociétaires pour le montant de leurs souscriptions ;

2º Après le paiement de tous les frais de l'agence ;

3º Les bénéfices seront le résultat,

1º De la différence provenant des fonds versés par l'Etat et par les sociétaires, moyennant un intérêt de..... et prêtés aux consignataires sur gage d'hypothèques, d'actions ou de coupons de rente, moyennant un intérêt plus élevé de 1 p. 0/0, soit 1 p. 0/0 de bénéfice ;

2º De la commission prélevée par l'agence pour la consignation, l'entretien et la livraison des produits.

4º Les bénéfices se partageront en deux parts égales :

L'une sera attribuée aux particuliers sociétaires des agences, et répartie entr'eux proportionnellement à leur mise de fonds ;

L'autre sera attribuée à l'Etat.

Troisième Lettre.

Les conséquences de l'institution des agences communales sont tellement vastes que nous osons à peine les énumérer ; c'est une réforme sociale toute entière, et l'accusation d'utopiste, sinon d'anarchiste, ne se fera pas attendre.

Toutefois, que cela paraisse une utopie ou non, nous allons énumérer les plus importantes.

Elles sont de deux sortes : individuelles et sociales. Les conséquences sociales ne pourraient être obtenues que par la réalisation dans toutes les communes de France. Les individuelles pourraient être obtenues, alors même que l'établissement des agences ne se ferait que dans les villes manufacturières seulement.

Commençons par celles-ci.

1° *Possibilité à l'industriel habile et à l'inventeur de se faire connaître sans frais.*

Aujourd'hui, tout inventeur est obligé de se ruiner en frais de réclame, de voyages et de représentation, afin de lutter contre les anciennes réputations qui ne fabriquent pas mieux, ou qui fabriquent plus mal, tandis que par l'exposition des produits dans tous les bazars , accompagnés de leur procès-verbal portant le nom du fabricant et constatant la bonne qualité, le produit serait constamment offert directement et sans frais avec toute espèce de garantie pour l'acheteur.

2° *Diminution de l'exploitation du capital.*

Tout industriel ayant sous la main des approvisionnements existants dans les agences communales, n'aurait plus besoin d'en faire lui-même ; d'un autre côté, comme il consignerait son produit au fur et à mesure de production, sur lequel on lui avancerait les deux tiers ou les trois quarts de sa valeur, et que la vente s'opèrerait au comptant. Il en résulterait pour lui la facilité de renouveler plus souvent ses capitaux , et partant, il lui en faudrait moins.

3° *Suppression de la concurrence anarchique remplacée par la concurrence émulative.*

La concurrence anarchique est la guerre que les gros capitaux font aux petits. En effet, le grand capitaliste peut spéculer sur l'achat des matières premières, c'est-à-dire profiter des besoins du producteur de ces matières ; il peut aussi, par ses grands capitaux, vendre à terme, et établir des relations directes avec les centres de consommation, tandis que le petit capitaliste se voit obligé de se servir d'un intermédiaire pour en obtenir la matière première, toujours à très-haut prix , car cet intermédiaire spécule pour son propre compte ; il est également soumis à un nouvel intermédiaire pour la vente de ses produits, puisque ses capitaux ne peuvent lui permettre de vendre à terme, ni d'entrer en relations directes avec les grands centres. De cette infériorité des petits capitalistes proviennent les efforts de concurrence anarchique qu'il emploie pour se défendre. De là, trop souvent, la ruine ou bien la fourberie.

Tandis que les agences communales rétabliraient l'égalité.

Car le producteur de matière première au lieu d'être exploité par la spéculation, déposerait son produit à l'agence communale qui lui ferait une avance immédiate, ce qui lui permettrait d'attendre le moment favorable de la vente.

Or, le fabricant grand capitaliste ne pouvant plus spéculer, perdrait son avantage sur le petit fabricant qui trouverait sous sa main la matière première aux mêmes conditions que le grand capitaliste.

D'un autre côté, l'agence communale empêchant la spéculation sur la vente des produits manufacturés, puisque les prix seraient marqués et que la vente se ferait au prix marqué, il en résulterait que le grand capitaliste serait complètement désarmé pour la concurrence anarchique.

Alors s'établirait la vraie, l'honnête concurrence, la concurrence d'émulation.

La loi ne serait pas faite par le plus riche, mais bien par celui qui fabriquerait le mieux.

4° *Suppression des laisser pour compte et des rabais.*

Un des moyens les plus ordinaires d'extorsion employés contre le producteur, et l'un des plus cruels est le laisser pour compte: mais par le moyen de l'agence, il ne pourrait jamais y avoir qu'un retard de vente, et le consignataire ne se verrait jamais forcé de sacrifier son produit ou de le faire revenir.

5° *Abolition des liquidations forcées.*

Les fabricants n'ayant pas suffisamment de capitaux, expédient leurs produits à des consignataires, qui leur font une avance payable, à terme fixé; à l'échéance, si le produit n'est pas vendu, et il ne l'est jamais, le prêteur exige le remboursement, le fabricant ne peut payer et se voit obligé de céder son produit à un rabais immense, tandis que par les agences, si le produit n'était pas vendu, le fabricant en serait quitte pour continuer jusqu'à la vente, l'intérêt de l'avance qui lui aurait été faite.

6° *Abolition de la faillite.*

La faillite, ce fléau de l'industrie, ce monstre toujours béant, qui dévore sans cesse le fruit des travaux du producteur, disparaîtrait complètement.

Car les produits étant remis à l'agence communale (contre

avance considérable),laquelle ne ferait aucune spéculation, aucune opération pour son compte; il en résulterait une complète garantie, pour l'excédent de la valeur du produit sur l'avance faite, cet excédent lui-même ne pourrait être compromis, puisque toutes les ventes se feraient au comptant.

Il n'y aurait donc plus de faillite, par impossibilité d'en faire, ce qui vaut beaucoup mieux, que les lois les plus draconiennes faites contre la faillite.

7° *Abolition des échéances à terme fixe.*

Aujourd'hui, faute de capitaux, le fabricant achète à crédit, il souscrit des billets, et dès longtemps avant l'échéance, il se voit obligé de resserrer ses opérations, pour être en mesure; il n'achète plus, il manque les bonnes occasions , il est paralysé en un mot.

Ou bien, il est payé lui-même en papier à échéance, sur lequel il compte, et qui, trop souvent, n'est payé que par la faillite ou le retard.

Mais avec l'agence communale, il n'achèterait, qu'au moment du besoin, à prix coûtant; il recevrait une avance et il vendrait au comptant; il n'aurait donc plus besoin d'engager sa signature, où de recevoir celle de ses acheteurs.

8o *Diminution du prix des produits, supériorité de tout fabricant consignataire sur les non-consignataires.*

En effet, le fabricant se servant de l'agence communale, ayant sans frais une représentation permanente garantie, dans toutes les villes de consommation; étant à l'abri de la spéculation sur la matière première et sur le produit fabriqué, n'ayant plus à craindre ni laisser pour compte, ni liquidation forcée, ni la faillite surtout, il lui deviendrait possible de vendre à meilleur marché, tout en gagnant davantage, et par ce moyen il prendrait l'avantage sur les fabricants qui ne consigneraient pas, et surtout sur la concurrence étrangère, si terrible aujourd'hui.

9o *Augmentation de la consommation et partant de la production.*

Il est, connu de tout le monde, que la consommation est en proportion du bon marché ; or, l'agence communale, facilitant les relations entre le producteur et le consommateur, permettrait un grand rabais sur les produits, de là, augmentation de la consommation et de la production.

10o *Hausse des salaires par suite de l'augmentation de production.*

Les fabricants consignataires , pouvant livrer à plus bas prix au consommateur, et lui donnant par le moyen de l'agence , des garanties de tous genres , qu'il ne pourrait obtenir autrement , auraient bientôt attiré à eux la plus grande part du débouché ; il arriverait donc naturellement qu'ils élèveraient le prix du salaire , soit par manque de bras , soit par envie de s'attacher les meilleurs ouvriers en tous genres.

Il serait facile de détailler d'autres avantages en faveur de l'industrie qui résulteraient de l'institution , des agences communales , mais ce qui précède , suffit pour indiquer le bénéfice qu'y trouveraient les industriels.

Avant d'aborder le détail des conséquences générales qui proviendraient de la réalisation des agences communales dans toutes les communes de France , il convient de signaler les avantages industriels qu'y trouverait l'acheteur.

Il a été dit que , tout produit mis à l'entrepôt, devrait porter une étiquette indiquant :

Le nom du consignataire ;

La qualité , le poids ou la mesures de la marchandise ;

Enfin , le prix auquel le consignataire voudrait vendre.

Cette déclaration serait constatée par un jury d'expertise composé des hommes les plus compétents, lesquels dresseraient un procès-verbal de l'etat où se trouverait la marchandise consignée.

Or, du moment que cette marchandise serait constamment accompagnée de son procès-verbal , du moment qu'elle serait exposée publiquement dans le bazar, avec affichage permanent des procès-verbaux , il en résulterait que tout acquéreur , auquel le bazar serait constamment ouvert , voyant exposés sous ses yeux , des produits de qualité garantie , sachant que le produit ne serait point sorti de l'entrepôt , ce qui empêcherait la falsification, connaissant le prix coûtant et le nom du fabricant, serait assuré de ne jamais payer plus que cela ne vaudrait , et surtout d'avoir des produits de qualité assurée ; car, s'il était trompé , il aurait recours au consignataire lui-même, puisqu'il connaîtrait son nom.

En conséquence , le consommateur ne serait donc plus exposé à accepter de l'eau pour du vin , du coton pour de la soie, du plâtre pour du sel , etc. , etc.

Tels sont en quelques mots les avantages que trouverait l'acquéreur.

Il reste à détailler les conséquences générales , c'est-à-dire sociales qui résulteraient directement de l'institution des agences communales.

Quatrième Lettre.

Nous avons indiqué dans le précédent article les avantages particuliers qui résulteraient pour l'industriel de l'institution des agences communales, lors même qn'elles ne seraient établies qu'en petit nombre; il nous reste à indiquer les avantages généraux qui proviendraient de la généralisation de ces agences dans toutes les communes de France.

1° *Création d'un papier-monnaie suffisamment garanti.*

Le résultat le plus immédiat, le plus apparent, serait la création, par l'Etat, d'un papier-monnaie garanti trois fois, lequel remplacerait rapidement tous les papiers individuels , lettres de change, traites, promesses, et deviendrait incessamment le seul signe d'échange. Si l'on supposait la création d'une agence dans chaque commune avec un capital moyen de 600,000 fr. dont l'Etat devrait fournir la moitié, on arriverait à cette conséquence que l'Etat aurait à créer 15 milliards de papier garanti trois fois.

1° Par l'Etat, c'est-à-dire par tous.

2° Par chaque agence communale qui en demeurerait responsable.

3° Par la mise en circulation qui ne s'opérerait que sur dépôt de marchandises, de titres d'hypothèques , de coupons de rente ou d'actions, dont on n'avancerait jamais que les trois-quarts au plus de la valeur.

Il en résulterait la mise en circulation d'un papier tellement sûr, tellement garanti qu'il deviendrait aussi solide que l'or lui-même.

2° *Rétablissement immédiat de la consommation et de la production ; reprise générale de la circulation.*

Ce qui cause la suspension totale du travail, c'est-à-dire de la production, c'est la chute du crédit ; or la circulation des produits étant annuellement de trente milliards, les échanges s'opéraient avant la crise actuelle.

1° Avec deux milliards et demi de numéraire.

2° Avec quinze ou vingt milliards de papier de commerce.

Ce papier de commerce n'ayant actuellement, par manque de confiance, aucune valeur, il en résulte que le numéraire seul et quelques billets de banque sont demeurés signe d'échange, signe évidemment insuffisant. Aussi, le consommateur n'ayant plus dans les mains que quelques écus, cesse de consommer; il garde son argent comme ressource pour faire face aux dernières extrémités, tandis que l'établissement de quinze milliards de papier ayant confiance publique, supprimerait à l'instant tout le papier individuel qui doit cesser d'exister, car c'est le droit de battre monnaie donné à tout particulier, droit que l'Etat seul doit avoir.

De sorte que le consommateur, ayant de nouveau entre les mains des signes valables d'échange, reprendrait sa consommation habituelle, et rétablirait par conséquent la production et la circulation.

3° *L'industrie et le commerce mis à l'abri des révolutions et des commotions politiques.*

Ce résultat serait d'autant plus naturel que, quels que soient les événements, l'homme consomme toujours, il a donc toujours besoin d'échanger. Or, si le signe d'échange, garanti trois fois, devenait aussi bon que l'or, ee qui est indubitable, la consommation ne serait pas ralentie.

Les révolutions n'arrêtent les affaires que parce qu'elles rétablissent la vérité, parce qu'elles démontrent que le crédit individuel n'est qu'un crédit fictif, et que le papier monnaie particulier n'est qu'un chiffon sans valeur. En un mot, parce qu'elles ramènent à leur valeur réelle les signes d'échange insuffisamment garantis, de telle sorte, que cette dépréciation des signes d'échange, ne laissant debout que l'or et l'argent, ralentit et arrête la consommation, tandis que s'il existait un signe d'échange inébranlable, et en quantité suffisante, les révolutions n'atteindraient plus l'industrie, puisque la consommation ne se ralentissant pas, il faudrait bien que la production y correspondît.

4° *Moralisation générale de toutes les classes du peuple.*

1° En supprimant les impôts qui engendrent la fraude et la contrebande ;

2° Tout consignataire étant obligé de mettre son nom sur sa marchandise, laquelle serait expertisée par les hommes les plus savants et les plus probes ; la fourberie, la falsification des produits disparaîtraient. Or, presque tous les hommes étant producteurs ou commerçants et étant corrompus par la démoralisation de ces fonctions, se relèveraient immédiatement à l'honneur et à la probité, du moment qu'ils seraient dans l'impuissance de tromper.

5o *Abolition de la spéculation et des accaparements.*

Par suite des charges de tous genres qui pèsent sur le producteur, il se voit obligé de vendre ses produits au moment de les récolter, afin de se créer des ressources et de faire face à ses engagements ; il en résulte une masse immense de produits similaires mis à la fois en vente, il s'établit entre eux une concurrence qui déprécie leur valeur, alors intervient la spéculation qui achète à vil prix des produits, qui se seraient vendus bien plus cher, si l'on eut pu attendre le moment de la consommation.

La spéculation profite donc de la détresse du producteur, pour l'exploiter.

Elle exploite aussi le consommateur par l'accaparement.

En effet, le spéculateur a acheté au producteur à très-bas prix ; il emmagasine les produits, il les cache, il les accapare en un mot, et à moins que l'abondance ne soit trop grande, ou bien que les circonstances ne lui soient point favorables, il fait croire à la pénurie des produits ; par cette rareté mensongère, il augmente les prix, et il réussit à vendre cher ce qu'il a acheté bon marché

Ce genre d'opération serait complètement supprimé par l'institution des agences dans toutes les communes de France : le producteur de denrées quelconque, au lieu d'être obligé de les vendre à vil prix au moment de la récolte ou de la production, irait les déposer à l'agence communale ; avec l'avance qui lui serait faite, il liquiderait ses engagements, paierait ses dettes, et alors il pourrait attendre le moment favorable de la vente, c'est-à-dire le moment de la consommation.

De son côté, le consommateur, connaissant les prix de vente, ne se laisserait plus prendre aux mensonges de la spéculation.

6° *Abolition du chômage, par équilibre de la consommation et de la production.*

En effet, tous les produits étant déposés dans les agences, et toutes les opérations d'échange se faisant au grand jour, il deviendrait facile de connaître les débouchés et la consommation, de calquer sur eux la production ; les existences de produits étant rendues publiques, par des avis constamment affichés, il deviendrait facile, à tout producteur, d'augmenter la fabrication ou de la ralentir, suivant les existences en entrepôts; après quelque temps d'exercice des agences, le chiffre de la consommation serait connu; il en résulterait un équilibre parfait entre les deux termes, l'on fabriquerait, suivant les besoins des consommateurs, et par ce moyen, on préviendrait le chômage.

7º *Abolition des disettes.*

Il est impossible aujourd'hui de connaître la situation réelle des approvisionnements ; aussi voit-on fréquemment, comme l'année passée, la spéculation faisant croire à la pénurie, augmenter outre mesure les produits, et en définitive, presque toujours, on arrive au moment des récoltes, stupéfait d'avoir payé hors de prix, dans la crainte d'insuffisance , tandis qu'il existait assez de produits pour la consommation.

Tandis qu'avec les agences, huit jours après les récoltes, l'état pourrait connaître la situation, et par des achats à l'étranger, combler le vide qui pourrait exister.

Il est facile aussi de supposer que l'état prévoyant ferait établir des réserves de blé ou de tout autre objet de première nécessité, achetées dans les moments de trop plein, et qui ne seraient mises en circulation qu'en cas de besoin.

8° *Abolition des impôts, remplacés par les bénéfices de l'état sur l'agence communale.*

En effet, nous avons dit que l'état aurait à fournir 15 milliards de papier-monnaie, lui rapportant un intérêt de

Mais comme les agences communales feraient aussi des avances sur dépôt de titres de rente, d'actions ou d'hypothèques, lesquelles s'élèveraient peut-être à 30 milliards, ce qui, joint aux 30 milliards de produits déposés, élèverait la masse sur laquelle on aurait des avances à faire à 50 ou 60 milliards, on conçoit facilement que l'état pourrait être amené à émettre 25 ou 30 milliards de papier, lui rapportant intérêt, il n'y a donc rien d'exagéré à porter cette recette d'intérêt à 500 millions.

Or, si l'état partage les bénéfices avec les agences, bénéfices provenant :

1° De la différence des intérêts des avances faites;

2° De la commission prélevée sur la vente des produits.

Il n'est pas possible d'évaluer ce bénéfice à moins de 600 milions.

Donc, en conservant l'impôt sur le tabac;
L'impôt sur le sucre diminué de moitié;
L'impôt sur l'alcool pour boisson, afin d'en dégoûter les populations;
L'impôt sur la poste;
L'impôt sur l'héritage;
On arriverait à changer le budjet et à ne plus avoir besoin de taxes sur le luxe;
Ni d'impôt sur les riches;
Ni d'impôt sur les viandes, sur les vins;
Ni de droits d'enregistrement;
Ni d'impôt foncier, locatif, patente, etc., etc.
Tous impôts gênant la circulation, et surtout vexatoires et immoraux.

9° *Possibilité à l'Etat d'accomplir les grands travaux d'utilité publique.*

En effet, par une simple augmentation de 1/2 ou de 1 pour cent sur la commission de vente, l'état se procurerait des centaines de millions, qui lui permettraient le reboisement des montagnes, l'endiguement des fleuves, la création de routes de fer, de canaux, et surtout, enfin, lui permettraient par l'association de l'état avec les particuliers, et la création des fermes-modèles associées, d'entreprendre un vaste système de colonisation, nouvelle source inépuisable de bénéfices pour l'état, aussi bien que pour les particuliers.

10° *Abolition de la concurrence étrangère.*

Car, par l'établissement d'agences correspondantes dans tous les grands centres commerciaux étrangers, les produits y arrivant avec toutes garanties et à prix coûtant, la France reprendrait son ancien renom de probité et d'honneur, et repousserait par le bon produit et par le bon marché, toute espèce de concurrence étrangère.

11° *Hausse des salaires.*

La production augmentant ainsi que le bénéfice du producteur, il en résulterait forcément, et surtout par l'intervention administrative de l'Etat, une hausse générale des salaires, tout en maintenant la baisse des produits.

12° *Etablissement de caisses de retraite et de secours pour les travailleurs.*

On conçoit facilement qu'en élevant la commission prélevée sur les produits de un 1/2 à un p. 0/0, on pourrait obtenir une somme infiniment grande, et plus que suffisante pour venir en aide au travailleur, soit par des indemnités en cas de chômage ou de maladie, soit par des secours fraternels et honorables destinés à mettre sa vieillesse à l'abri du besoin et de la mendicité.

Finalement, par l'activité de la production, par la hausse des salaires, par la suppression des monopoles, par la création de caisses de secours et de retraite, par la baisse des objets de consommation, et par la garantie de la bonne qualité des produits amenés par le commerce véridique, il résulterait :

Une telle amélioration dans le sort des classes laborieuses, que l'on peut hardiment l'évaluer au doublement ou au triplement des salaires.

Et si à cette réforme entière de la répartition on joignait la réforme de la production et de la consommation par l'association, le problème tout entier serait résolu, tous les Français au lieu d'être ennemis deviendraient frères.

Un prochain article établira la comparaison de l'institution des agences communales avec les billets hypothécaires et la banque d'échange de Proudhon.

Cinquième lettre.

Comparaison des agences communales avec la banque d'échange de Proudhon et la banque immobilière.

La nécessité absolue dans laquelle l'on se trouve de résoudre le problème social, a fait éclore de nombreux systèmes; les uns ont été accueillis avec indifférence, les autres ont obtenu une chute éclatante, soit parce qu'ils étaient insuffisants, soit parce qu'ils choquaient quelque sentiment vivace de l'homme.

Cet insuccès a éloigné les esprits de l'étude de l'association, qui, seule, a la puissance de résoudre les difficultés de la production et de la consommation; non pas ces associations bâtardes, faites par des catégories exclusives de capitalistes ou d'ouvriers; mais cette grande association qui doit unir entre eux tous les intérêts du travailleur, de l'inventeur et du capitaliste; association *libre et volontaire* qui, transformant tous ces ennemis acharnés en frères associés pour accomplir la même œuvre, amènera la paix, la fraternité et le bonheur que peut comporter la fragilité humaine.

Momentanément éloignés de cette féconde idée d'amélioration, les penseurs ont cherché des remèdes moins radicaux et plus en harmonie avec les penchants et les préjugés du moment. Ces tendances de médecine expectante ont fait éclore une foule de projets dont les principaux, c'est-à-dire ceux qui ont le plus frappé, sont la banque d'échange de Proudhon et la banque immobilière.

Le principal défaut de ces deux projets remarquables et antagonistes, est de ne chercher à résoudre que la plus minime difficulté.

En effet, ils laissent complètement en dehors, les questions de production et de consommation; bien plus, ils ne tendent même qu'à une réforme très-incomplète, de la circulation des produits.

La circulation se subdivise :

1° En commerce, ou échange des produits;

2° En banque, on échange du signe de la valeur des produits ;

3° En transport, ou circulation des produits.

Or, on peut supposer une organisation telle, que ces produits soient directement échangés les uns contre les autres; s'il en était ainsi, les fonctions de la banque seraient anéanties, ce qui indique, que toute importante, que puisse être la question de circulation du signe d'échange, elle est inférieure à la question du commerce ou échange réel.

Ils sont donc incomplets, ces systèmes de banque, qui laissent subsister la concurrence anarchique, la fourberie, la banqueroute, la spéculation, l'agiotage, les accaparements, qui laissent s'élever les monopoles des particuliers, et qui ne tendent à amener aucune amélioration dans le sort de l'ouvrier.

A cette insuffisance, ces systèmes joignent des vices particuliers qui leur sont propres.

Banque d'échange de Proudhon.

Voici le mécanisme de cette banque :

1° Association entre tous les Français, qui s'engagent, à accep-

ter pour tous paiements, le papier-monnaie de la banque d'é-
change ;

2° Tout expéditeur de produit, présentera à la banque d'é-
change sa facture, et le récépissé de la personne à laquelle
il aura expédié, autrement dit, il présentera une traite acceptée ;

3° Un jury acceptera ou refusera cette traite, s'il l'accepte,
on l'escomptera immédiatement à l'expéditeur, et on lui remettra en échange, du papier-monnaie pour le montant inté-
gral ;

4° Quelle que soit l'échéance, le papier lui sera remis sans
aucun prélèvement ou intérêt.

Le fait le plus saillant, qui ressort de cette institution, est la
possibilité de ne payer aucun intérêt au capital, cette question
brûlante, qui sera blâmée ou approuvée, selon la position sociale de chaque individu, ne sera peut-être pas aussi réelle que
l'espère l'auteur de la banque d'échange : ainsi, en supposant
qu'il soit possible d'échanger les produits contre les produitssans
intermédiaire du capital ; il n'en est pas moins vrai, que la tyran-
nie du capital nuira à la production et continuera de s'imposer
durement à la consommation ; quant à la question de savoir s'il
faut payer ou non un intérêt au capital ; nous en ferons le sujet
d'une prochaine lettre.

Le second fait important, est l'inutilité du numéraire ; ce
bienfait est bien net et bien démontré par la banque de Proudhon.

Mais pour que ces deux faits puissent s'accomplir, il faudra
l'adhésion de tous les François et même de l'étranger,
sinon les résultats seront très-incertains et même impossibles à
obtenir.

Nous l'avouons, tout système, qui exige une application générale et complète, pour donner des fruits, nous paraît frappé
d'impuissance.

Si l'on suppose qu'un tiers des Français ait adhéré aux sta-
tuts de cette banque d'échange, ces adhérents seront obligés d'accepter en paiement le papier de la banque. Or, comme la majo-
rité restera en dehors, s'ils veulent établir avec elle des relations
commerciales, ils seront obligés d'acheter, de nouveau, de l'or
pour les payer, et ce sera bien pire pour l'étranger.

Cette banque, en outre, manque de garantie réelle, car le

papier étant délivré contre traite acceptée, rien n'empêche de supposer (ainsi qu'il arrive aujourd'hui), que des commerçants s'entendront pour simuler des livraisons non opérées.

En outre, puisque le papier est délivré avant l'échéance, rien n'empêche de prévoir la faillite de l'acceptant. Toutes ces pertes retomberaient sur les adhérants à la banque, qui, par le fait, auraient formé entr'eux une assurance mutuelle contre la fourberie et la faillite.

Si donc, le papier d'échange manque de garantie, il est facile de prévoir qu'à un moment donné, surtout si tous les français ne sont pas adhérents, (et il y a tout à parier qn'il en sera ainsi), il subira une dépréciation, il tombera en discrédit, et les mêmes désastres que nous voyons de nos jours, se renouvelleront.

Enfin, cette banque continuera l'errement de la banque actuelle, elle facilitera le riche commerçant, en maintenant l'asservissement du pauvre, car, le jury ayant à expertiser la valeur des signatures, acceptera celle du riche et laissera celle du pauvre, qui tombera sous le joug des exploiteurs.

En un mot, ce système de banque, quoique profondément ingénieux, quoique fondé sur une base vraie, c'est-à-dire l'unité, et la solidarité, aura une action trop difficile, trop incomplète, pour porter les fruits que l'auteur en attend.

Banques immobilières.

Quant à la banque immobilière, voici en quoi elle consiste : les propriétaires d'immeubles feraient prendre hypothèque sur leurs propriétés, et l'état leur remettrait, moyennant un intérêt de....., un papier monnaie en échange de l'hypothèque; le papier scrait mis en circulation, et rapporterait, à ceux qui en seraient porteurs, un intérêt de....., que l'état aurait à payer toutes les années.

Les avantages de ce système, sont :

1o De mettre en circulation une valeur qui pourrait faciliter les échanges;

2° De faire circuler un papier, portant intérêt, de telle sorte, que ce papier aurait l'avantage d'une monnaie et d'une obligation.

Mais voici le revers de la médaille :

1o Ce papier, étant donné aux propriétaires seulement, devient entre leurs mains, un nouveau moyen d'exploitation du producteur et du consommateur;

2° Les propriétaires qui habitent les villes, se serviraient de ce papier, non à améliorer l'agriculture, mais bien à se livrer à l'agiotage avec une nouvelle frénésie;

3° N'arrivant qu'entre les mains des propriétaires, l'industrie et le commerce, n'en éprouveraient pas les bienfaits;

4° Ce papier n'étant pas réalisable, subirait une dépré-préciation qui, dans un moment donné, pourrait être immense;

5° Cette dépréciation, serait d'autant plus grande, que ce papier, n'étant hypothéqué qu'après les hypothèques (15 milliards), qui existent actuellement, la garantie ne serait pas complètement assurée;

6° Ce qui produirait une nouvelle dépréciation, c'est que, n'étant pas mis en circulation par le commerce et par l'industrie, le papier individuel continuerait d'avoir cours, et la circulation serait encombrée d'une trop grande quantité de valeurs.

7° En outre, et nous ne croyons pas que ce soit bien le vœu des propriétaires, il pourrait arriver que l'état devînt hypothécaire de toutes les propriétés de France; de là, à en devenir propriétaire, selon l'éruption de certains événements politiques, il n'y aurait pas bien loin; ceci mérite réflexions.

D'après cet exposé, il devient donc facile de démontrer la supériorité de l'institution des agences communales, sur la banque d'échange et sur la banque immobilière.

En effet, loin de ne résoudre qu'une minime question, celle de la banque, ou circulation du signe d'échange, elle résout l'échange lui-même, c'est-à-dire le commerce, ce qui est bien plus important; par le jeu de l'entrepôt et du bazar, les marchandises sont garanties, la vérité règne forcément dans toutes les transactions, et la vérité, assurée, par la surveillance paternelle de l'état, détruit la concurrence anarchique, empêche la fourberie, la banqueroute, la spéculation, l'agiotage, les accaparements et les monopoles particuliers.

Les résultats sont donc bien plus importants que ceux des banques.

Toutefois, il faut bien avouer que, si Proudhon avait joint à son système d'échange la garantie réelle des entrepôts, sa banque serait destinée à résoudre les difficultés de la circulation. Le système de banque que nous avons proposé a, en effet, les plus grandes analogies avec celui de Proudhon.

Ainsi avec la garantie de l'Etat qui en opère l'émission avec contrôle, le papier étant encore garanti par les agences communales, et n'étant mis en circulation que contre consignation réelle de produits ou valeurs supérieures, ce papier offre de telles sûretés que la dépréciation ne peut jamais l'atteindre. Il en résulte que, sans proscrire le numéraire ni sans le maudire, il le rend insignifiant; si on en présente à l'agence, on l'acceptera; si on n'en présente pas, on s'en passera : il vaut mieux l'accueillir avec indifférence que de le proscrire; la proscription double sa valeur; moins on en parlera, mieux cela vaudra.

Quant à l'intérêt à payer pour les avances, il sera peu tyrannique en comparaison des avantages inouïs que donneront les agences communales; au surplus, pour ne point payer d'intérêt, il ne s'agira que de ne point prendre d'avances, ce qui deviendra très-facile par suite de la rapidité de la vente qui ne se fera qu'au comptant.

D'ailleurs, quant aux questions d'intérêt à donner au capital, nous n'avons point fixé de chiffre, par la conviction que nous avons que c'est la libre transaction qui doit régler les relations de capitaux. Le taux de l'intérêt doit être fixé par les besoins et la proportion entre l'offre et la demande. Si on n'a pas besoin du capital, on ne lui paiera rien ; si on en a besoin, on le paiera suivant la force des besoins et suivant l'abondance du capital ; c'est donc une question d'avenir.

En attendant, nous acceptons un intérêt fixe de.....

Le papier-monnaie, trois fois garanti, de l'agence communale, étant remis directement au commerce et à l'industrie, rétablirait immédiatement les transactions, et, par la vente au comptant, il remplacerait le papier individuel et le crédit fictif.

En outre, il n'y aurait pas à craindre qu'il en fût jamais trop mis en circulation, puisqu'il n'en serait remis que sur dépôt réel de marchandises et de valeurs. Or, comme on paierait intérêt, il est bien clair que l'on n'en demanderait que suivant ses besoins.

Il n'est pas nécessaire d'entrer dans de plus grands détails : l'évidence est là. Les agences communales offrent toute garantie au commerce et à l'industrie ; elles peuvent être réalisées *sur-le-champ* ; il suffit de la réunion de quelques industriels pour les instituer ; quelques mois peuvent suffire pour en installer dans toutes les principales villes de France , et cet essai restreint serait suffisant pour démontrer les bienfaits de cette réforme commerciale.

François COIGNET,

Manufacturier.

————— ————— ———

Chanoine , impr. à Lyon , 18, pl. de la Charité.

78